10대가 꼭 읽어야 할

데일 카네기

자기관리론·인간관계론

10대가 꼭 읽어야 할
데일 카네기
자기관리론·인간관계론

데일 카네기 **원저** | **인동교** 글·그림

Dale Carnegie

시간과공간사

불편한 동반자, 걱정과 인간관계

새 학년이 시작될 때 많은 아이가 걱정과 두려움에 사로잡히곤 한다. '새로운 선생님과 친구들은 어떨까?' '새 학년의 공부는 어렵지 않을까?' 등 아직 오지 않은 미래를 상상하며 스스로 불안을 키우게 된다. 하지만 이러한 현상은 아이들에게만 국한되지 않는다.

어른들, 특히 부모들 또한 '우리 아이가 새 학년에 잘 적응할 수 있을까?' '공부는 너무 어렵지 않을까?'라는 걱정에서부터 '직장에서 내가 왜 그렇게 행동했을까?'와 같은 과거의 언행에 대한 후회까지 다양한 고민에 시달리곤 한다. 이처럼 '걱정'은 나이와 상관없이 우리 인생의 한 부분으로 자리 잡아 끊임없이 우리의 영혼을 잠식한다.

한편, '인간관계' 역시 사람들을 힘들게 만드는 주요 원인 중 하나이다. 고슴도치가 추운 날 서로 체온을 나누려고 가까이 다가가지만 가시에 찔려 아파하듯, 인간 또한 서로 필요하지만 관계 속에서 상처를 주고받기도 한다. 이러한 이유로 많은 사람이 인간관계를 어렵고 힘든 문제로 느끼곤 한다.

무지의 자각

문제는 우리가 불편한 동반자, 즉 '걱정'과 '인간관계'를 깊이 배우거나 이해할 기회가 거의 없다는 사실이다. 이로써 불쑥 찾아오는 걱정에 괴로워하고, 인간관계에서 받은 상처 때문에 힘들어하며, 결국 우리에게 주어진 소중한 '지금'이라는 시간을 낭비하게 된다.

고대 그리스의 철학자 소크라테스는 "앎은 덕이다"라고 주장하며 무엇인가를 배우고 아는 것이 올바른 삶으로 나아가는 첫걸음이라고 강조했다. 그의 가르침에 비추어 보면, 우리가 인생의 불편한 동반자인 '걱정'과 '인간관계'를 제대로 이해하는 것이 중요하다는 사실을 알 수 있다.

다행히 미국 출신의 작가로 본격적인 자기계발서를 처음으로 만들어낸 데일 카네기는 이미 100여 년 전에 이와 같은 고민을 시작으로 많은 연구와 경험을 쌓아 『데일 카네기의 자기관리론』과 『데일 카네기의 인간관계론』이라는 책을 세상에 내놓았다. 이 책들은 오늘날까지 우리에게 '걱정'과 '인간관계'를 배우고 이해할 수 있는 훌륭한 교재가 되고 있다.

책을 집필하며

올해 중학생이 된 큰딸은 새로운 환경에 대한 걱정과 두려움이 많았다. 그리고 시작된 중학교 생활 중 인간관계에서 오는 스트레스로 힘들어하기도 했다. 부모로서 도움을 주고 싶었지만 나 역시 걱정과 인간관계를 지혜롭게 해결할 방법을 몰랐으므로 뻔한 조언을 할 수밖에 없었다. 그래서 이와 관련 있는 책을 찾다가 이제는 고전에 속하는 『데일 카네기의 자기관리론』과 『데일 카네기의 인간관계론』을 발견하게 되었다.

책에는 유명 인사들을 인터뷰한 내용과 다양한 사례를 바탕으로 개인의 삶에서 겪는 걱정, 인간관계 문제 등을 효과적으로 관리하는 방법이 담겨 있다. 데일 카네기의 글은 지금을 살아가는 우리에게 삶의 무게를 덜어주려는 따뜻한 조언처럼 느껴졌다. 이에 책을 읽으며 알게 된 것들과 따뜻함을 온 가족이 쉽게 읽고 이해할 수 있도록 현시점에 맞는 사례와 그림으로 재구성하여 책을 펴내게 되었다.

원작에서 걱정과 불안, 고민 속에서 오늘을 살아가는 청소년에게 도움이 될 만한 내용만 간추려 책을 읽으면서 느꼈던 따뜻함을 전달하려고 데일 카네기 선생님이 직접 나타나 조언해 주는 형식으로 이야기를 풀었다.

많은 가족 구성원이 함께 읽으며 데일 카네기의 지혜를 바탕으로 우리에게 한정적으로 주어진 시간을 서로 사랑하며 행복하게 보내는 데 도움이 되길 바란다.

끝으로 책을 집필하는 데 많은 영감을 준 사랑하는 두 딸과 아내에게 고맙다는 말을 전한다.

2024. 12
인동교

1부

데일 카네기의 자기관리론

　카네기는 많은 사람이 품고 있는 문제 중 하나가 '걱정'이라는 사실을 깨닫고 이를 해결할 방법을 알아보기 위해 많은 책을 살펴보았다. 하지만 이를 해결해 줄 수 있는 책은 단 한 권도 없었다. 이에 직접 걱정을 해결할 수 있는 책을 쓰겠다고 마음먹고『데일 카네기의 자기관리론』이라는 책을 쓰게 되었다.

　『데일 카네기의 자기관리론』은 카네기가 7년 동안 동서양 철학자들의 책들을 읽고 유명 인사들을 직접 인터뷰한 내용을 바탕으로 5년 동안 '걱정 극복 실험실'을 운영하며 다양한 일반인의 임상 사례들을 더해 완벽한 걱정 해결책으로 탄생하게 되었다.

　카네기는 이렇게 탄생한『데일 카네기의 자기관리론』에서 많은 사람이 '걱정'에서 해방되어 현재를 알차고 행복하게 살아가길 권하고 있다.

걱정에 대해 알아야 할 기본 지식

그래, 나도 쉬고 싶은데 너처럼 걱정이 많은 사람들을 보면 안타까워서 가끔 이렇게 직접 나타나지.

근데 누구세요? 갑자기 텔레비전에서 나와서….

나는 데일 카네기야. 너를 포함한 많은 사람이 걱정 때문에 고통받고 있다는 걸 알게 되었지. 그래서 해결책을 찾으려고 도서관을 샅샅이 뒤져 보았어. 그런데 그런 책이 없었지….

16

결국 나는
걱정 실험실을
5년 동안 운영하면서
많은 사람을
인터뷰한 뒤
직접 책을
만들었어.

아...
웬 뮤지컬
분위기?

그게 바로 이 책이야!

데일카네기
자기관리론

데일 카네기
자기관리론?

데일카네기
자기관리론

어쨌든 내가 도와주기로
마음먹었으니까… 일단
네가 하고 있는 걱정에 대한
짧은 강의를 해 주지.

아… 네….

18

1. 오늘을 충실히 살아가라

삶이란 끝없는 변화의 연속이야.
강물처럼 흘러가는 거지. 과거는 이미 흘러가
바꿀 수 없고 미래는 어떻게 될지 모르는 거야.
유일하게 우리가 바꿀 수 있는 건 현재야!

안전하게 인생이라는 항해를 하려면 너의 배에
격벽을 쌓아서 어제와 내일을 차단하는 '오늘'이라는
공간을 꼭 만들어야 해. 그래서 과거와 미래가
나의 오늘을 침범하지 못하도록 하라고!

영국의 의학자
윌리엄
오슬러

홀로 행복한 사람은
오늘을 나의 것이라고 말할 수 있는 사람,
굳건한 마음으로 이렇게 말할 수 있는 사람.
"내일이 최악의 날이더라도 나는 오늘을 살겠노라."
－호라티우스

음… 지나간 과거와
오지 않은 미래 때문에
걱정하지 말고
오늘을 낭비하지
말라는 얘기군….

그래, 그러니까
내일 일을 위하여 미리 생각지 말거라.
내일 일은 내일 생각할 것이요,
한날의 괴로움은 그날로 족하니라.

헉! 예… 예수님!

강적이다!
다음 크루 나오세요.
뉴턴, 뉴턴….

엉?
또 누구를 부르는 거지?
유턴? 어디로 다시
돌아가나?

인생이란….

하루하루가 쌓여서 큰 그림을 그리는 거야.
하루하루를 어떻게 보내고
쌓아가느냐가 내 인생을
결정짓는 거지.

그러니까 걱정은 그만하고
지금 네가 뭔가 할 수 있는
오늘을 멋지게 보내렴.

23

2. 걱정을 해결해 줄 마법의 공식

휴! 그래. 이제 알겠어?

무슨 이야기인지 알겠어요.
그러니까 과거, 미래를 걱정하지 말고
현재, 오늘에
집중하라는 거죠?

그런데 아무리 머리로 이해해도
걱정이 없어지지 않으면 어떻게 하죠?
하… 하…

이런! 오래 걸리게
생겼네.

그럴 때는 일단 일어날 수 있는 최악의 상황이
무엇인지 생각해 봐. 만약에 네가 시험에서
망했다고 치자.

헐! 최악인데.
생각만 해도 걱정스럽네.
정말 그러면 어떻게 하죠?

그럼... 그냥
받아들여!

엥? 그냥
받아들이라고요?

심리적으로 볼 때 최악을 받아들이면
새로운 에너지가 솟구치게 되어 있어.
최악을 받아들이면 더는 잃을 것이 없지.

하지만 사람들은 대부분 현실을
받아들이지 않고 분노의 소용돌이
속에서 헤어나지 못한 채 자기 삶을
망가뜨려.

그러면서 아무런 행동도 하지 않고
결국 우울증에 걸리게 되는 거야.

그러니까 최악의 일이 발생하면
일어난 일을 받아들이고
지금 할 수 있는 일들을 하면서
불행의 구렁텅이에서 탈출해야 해.

시험을 망쳤으면 시험을 다시 볼 수는
없으니 받아들이고 틀린 문제를 분석해서
다음 시험을 대비하는 거지.

3. 걱정이 삶에 미치는 영향

마지막으로 걱정이
얼마나 건강에 안 좋은지
설명해 주고 가마.

하! 언제
또 저렇게 의사가
되셨대?

자, 이 데이터를 보렴. 병원을 찾는 환자의
70%는 두려움과 걱정이 없어지면 병이
나을 수 있다고 해.

30%

70%

아~

걱정은 사람을 긴장시키고 초조하게
만들어서 신경에 영향을 미치지.

그리고 위액을 비정상적으로 분비하게
해서 위궤양을 일으켜.

맞아요. 저도 걱정을
많이 하다가 토한 적이
있어요.

하하, 그… 그래? 내가
찾아오길 잘했구나.

아! 오래
걸리게 생겼군.

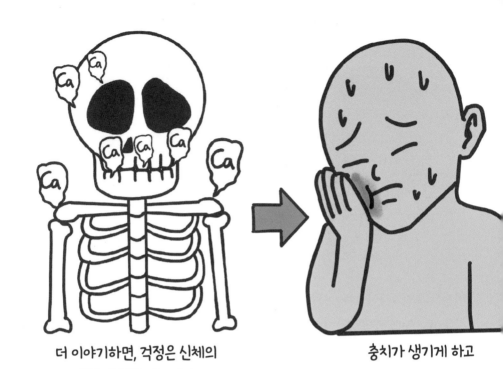

더 이야기하면, 걱정은 신체의
칼슘 균형을 깨뜨려서

충치가 생기게 하고

심장에도 안 좋은
영향을 주지.

1장 걱정에 대해 알아야 할 기본 지식

☑ **오늘을 충실하게 살아라**

- 과거와 미래를 철문으로 닫고 오늘이라는 공간에서 살아라.

☑ **걱정을 해결해 줄 마법의 공식**

- 일단 받아들여라.

☑ **걱정이 삶에 미치는 영향**

- 사람의 신경에 영향을 미쳐 여러 가지 병을 일으킨다.

많은 사람이 무의식적으로 과거를 후회하고 아직 오지 않은 미래를 걱정하며 지금이라는 소중한 시간을 갉아먹고 있다. 이러한 사실을 깨닫지 못한 채 지내다 보면 과거와 미래로부터 걱정의 짐들이 현재로 쏟아져 난잡한 오늘을 살게 되고, 그 오늘이 켜켜이 쌓여 결국에는 한 번뿐인 인생을 불행하게 살게 되는 것이다. 이에 카네기는 과거와 미래로부터 오늘이라는 공간을 구분할 것을 강조하고 있고 설사 걱정하는 일이 벌어지더라도 그 일을 과거로 인식하고 그냥 받아들이라고 한다. 그리고 현재에 할 수 있는 일에 집중해 걱정이라는 구렁텅이에서 빨리 빠져나오는 것이 최선이라고 말하고 있다.

어허! 또 시작이구나.

아! 깜짝이야!
할아버지는 시도 때도 없이
나타나시는 거예요?

STOP

그래, 나는
네 걱정을 해결해 주기로
결심했거든.

1. 사실을 파악하라

너는 엄마가 더럽다고 해서
기분이 나쁜 거지?

네. 맞아요.
어떻게
그럴 수 있죠?

그런데 엄마가 아무 이유 없이
갑자기 그랬을까?

아니요. 제가 방을 잘 안 치우거든요.
엄마가 여러 번 치우라고 하셨는데
안 치웠어요. 그래도 그렇지 어떻게
딸에게 더럽다고 할 수 있어요?

아이, 아니. 감정을 최대한 누르고 객관적인 사실들만 한 번 써 봐.

1. 엄마가 여러 차례 방을 치우라고 말했다.
2. 내가 안 치웠다.
3. 그래서 엄마가 화나서 더럽다고 했다.
4. 엄마한테 화를 냈고 어색해졌다.

2. 사실을 분석하라

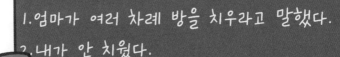

1. 엄마가 여러 차례 방을 치우라고 말했다.
2. 내가 안 치웠다.
3. 그래서 엄마가 화나서 더럽다고 했다.
4. 엄마한테 화를 냈고 어색해졌다.

음, 그러면 사실을 분석해 볼까? 그러니까 엄마가
방을 치우라고 여러 차례 이야기했는데 너는 안 치웠네.
그래서 엄마가 화가 나서 더럽다고 한 거고.

이렇게 써 놓고
보니까 어때?

사실만 보면
엄마 말씀도
이해가 가요.

이제 어떻게
하고 싶어?

엄마한테
화낸 이유를
설명하고
사과하고
싶어요.

3. 결단을 내리고 실천하라

엄마, 미안해.
엄마랑 어색하게 지내는 거
이제 그만할래.

역시 엄마가 최고야.
카네기 할아버지 덕분에
마음이 편해졌어.

44

2장 걱정을 분석하는 기본 기술

☑ **첫째, 사실을 파악하라**

- 객관적인 사실들만 나열해 본다.

☑ **둘째, 사실을 분석하라**

- 나열한 사실들을 분석해 본다.

☑ **셋째, 결단을 내리고 실천하라**

- 사실을 분석하여 해결 방법을 찾았다면 주저하지 말고 실행한다.

사람들은 문제가 생겼을 때 감정적으로 그 상황을 받아들여서 문제의 핵심을 파악하지 못하고 계속 걱정하고 고민하는 경우가 많다.

카네기는 최대한 사실들을 나열해 보고 그 사실들을 분석하여 해결 방법을 찾아 보라고 한다. 객관적인 사실들만 분석하다 보면 조금 더 이성적으로 문제에 접근할 수 있고 좀 더 합리적인 해결 방법을 찾을 수 있다고 이야기한다. 그리고 그렇게 사실에 기반해 찾은 해결 방법은 주저하지 말고 실행하여 더는 걱정하지 않고 고민하지 않기를 바란다.

1. 마음속에 있는 걱정을 몰아내는 방법

9:00~9:30: 아침 식사

9:30~10:00: 양치와 씻기

10:00~11:00: 방 청소

11:00~12:00: 공부

12:00~13:00: 운동

13:00~13:30: 샤워

13:30~14:00: 점심 식사

14:00~14:30: 양치와 씻기

14:30~16:00: 독서

엥? 이거 뭐야?
시간표잖아….
이대로 하면 걱정이
없어진다고?
걱정이 없어진다면
한번 해 보자!

9:00~9:30:
아침 식사

9:30~10:00:
양치와 씻기

10:00~11:00:
방 청소

11:00~12:00:
공부

12:00~13:00:
운동

52

13:00~13:30: 샤워

13:30~14:00: 점심 식사

14:00~14:30: 양치와 씻기

14:30~16:00: 독서

아! 이거 맞긴 한 거야?
바쁘게 지냈더니
너무 피곤해!

53

55

사람은 말이야, 아무리 천재라도 정해진 시간에 하나 이상을 생각할 수 없어. 그렇기 때문에 걱정할 시간을 네 하루에서 줄이는 거야. 많은 시간을 건설적인 일에 몰두할 수 있게 해놓고 생활하는 거지.

아! 알았어요.
앞으로는 하루 계획을 알차게
세워서 보내야겠어요.

그래, 바로 그거야.
그렇게 걱정을 없애 봐!

400년 동안 눈사태와 폭풍을 셀 수도 없이 견뎌 낸 나무들도
가끔 딱정벌레의 공격에 쓰러지는 경우가 있어.

딱정벌레들의 미약하지만 끊임없는
공격이 계속되면 숲의 거인인 나무들도
결국 쓰러지는 거지.

우리도 마찬가지야. 삶에 폭풍과
눈사태가 몰아쳐도 잘 버티다가…
'걱정'이라는 딱정벌레에게
쉽게 마음을 빼앗기고

또 폭풍우가
불어닥치면 어떡하지?

2. 온갖 걱정을 떨쳐버리는 방법

63

괜찮아. 나도 어릴 적에 그랬어.
폭풍우가 몰아치면 벼락 맞을까 봐
두려웠고 누가 나를 갑자기
죽일까 봐 걱정했지.

그리고 집이 어려워서
굶어 죽을까 봐
벌벌 떨기도 했어.

64

아! 진짜요?
그런데 어떻게 걱정을
떨쳐 냈어요?

내가 어릴 적에 한 걱정들 중 99퍼센트는 실제로
일어나지 않는 일들이었어. 다시 말해 확률적으로
가능성이 아주 낮은 일들이었던 거야.

음… 그래?

아! 그렇네요.
비행기가 추락할 확률은
0.000032%밖에
되지 않네요.

그래, 바로 그거야.
그렇게 확률이 낮은데
고민하면서
힘들어할 거야?

67

3. 피할 수 없는 일을 대하는 방법

예를 들어 자동차 타이어가
충격에 저항하는 나무로 되어
있다고 생각해 보자.
그러면 어떻게 될까?

어떻게 되기는요.
계속 충격을 받아
부서지겠죠.

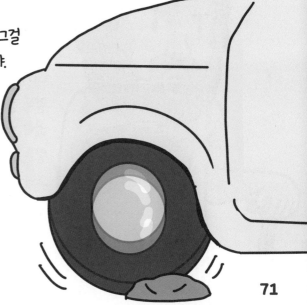

그래, 맞아. 그래서 타이어는
고무로 만드는 거야. 충격을 받으면 그걸
흡수해서 오래 탈 수 있게 말이야.
우리도 마찬가지로
충격을 흡수하는 방법을
배워야만 좀 더 편안하게
인생을 여행할 수 있어.
충격을 흡수하는 방법이 바로

체념하고

받아들이는 거야.

이보게, 갈릭소스를
빠뜨리고 가면 어떡하나?

아! 감사합니다.
쇼펜하우어 선생님!

기왕 온 김에…
내가 한마디 조언을 해 주지….

체념은 삶이라는 여행에서
가장 중요한 준비물이란다.

아… 알겠습니다.

그래, 카네기, 에픽테토스,
쇼펜하우어 할아버지들 이야기처럼
지나간 일에 신경 쓰지 말고 받아들이자.
다음 시험에서 잘 보면 되지, 뭐.
지금은 이 맛있는 피자에 집중하자.

3장 걱정하는 습관을 없애는 방법

☑ **늘 바쁘게 살아라**

– 걱정이 틈타지 못하도록 하루를 바쁘고 알차게 산다.

☑ **걱정하는 일이 발생할 확률을 생각해 보라**

– 걱정하는 일이 발생할 확률이 크게 낮으면 무시한다.

☑ **피할 수 없는 일을 대하는 방법**

– 내가 어쩔 수 없는 일들은 빨리 체념하고 받아들인다.

걱정이 습관이 된 사람들에게 카네기는 걱정이 떠오르지 않도록 바쁘게 살라고 한다. 바쁜 일과를 건설적으로 보내며 하루에 걱정하는 시간을 최소한으로 만들라는 이야기다. 또한 발생할 확률이 아주 낮은 사소한 걱정들은 무시하고 피할 수 없는 일이 발생할 경우에는 그 일을 곱씹어서 생각하며, 걱정을 키우지 말고 빨리 체념하고 받아들이라고 이야기한다.

평화와 행복을 부르는 다섯 가지 자세

1. 삶을 바꿔 줄 한 문장

짜증 난다고 생각하면 짜증 날 거고, 두렵다고 생각하면
두려워질 거야. 그리고 아프다고 생각하면 병이 날 것이고,
할 수 없다고 생각하면 분명히 실패할 거야.

무슨 말씀이세요, 그게?

생각 자체가 네 모습이라는 거야. 마음은 그 자체로 공간이야.
그 안이 천국이면 천국이 될 수 있고, 그 안이 지옥이면 지옥이 되는 거야.
모든 건 생각하기 나름이라는 거지.

나는 살면서 단 한 주도
행복했던 적이 없어!

삶은 참 아름답습니다.
내가 50여 년을 살아오며
배운 게 있다면 "당신에게
평화를 가져다줄 수 있는 것은 당신
자신밖에 없다"라는 사실입니다.

사람은 말이야, 일어나는 일에 상처받는 것이 아니라
일어나는 일에 대한 스스로의 생각에 상처받아. 그런데
중요한 건 일어나는 일에 대한 생각은 전적으로
우리에게 달려 있다는 거야.

아, 무슨 소리인지 알겠어요.
하지만 마음을 먹는다고 바로
감정이 바뀌지는 않아요.

그… 그런데
누구세요?

나? 나는
프랑스 철학자
몽테뉴란다.

감정

행동

안녕! 나는 윌리엄 제임스야. 행동은
감정을 따르는 것처럼 보이지만

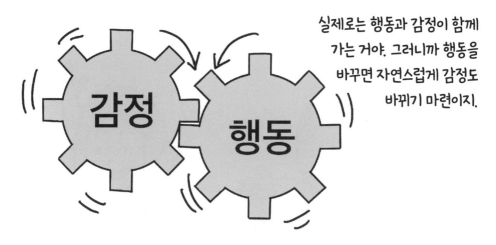

실제로는 행동과 감정이 함께
가는 거야. 그러니까 행동을
바꾸면 자연스럽게 감정도
바뀌기 마련이지.

그러니까 이미 즐거운 사람처럼 웃고 말하고
행동해 봐. 그러면 즐거운 감정이 들 거야~

오! 설득력 있어.
일단 아무렇지 않은 것처럼
행동해야겠군요.

2. 지혜롭게 보복하는 방법

그래, 기쁨이처럼
즐겁게 행동하면
짜증 났던 감정도
괜찮아질 거야.

원수를 사랑하라. 일곱 번을 넘어
일흔 번까지 용서하라.

그건 예수님이니까 가능한 거예요.

물론 용서하는 것도 중요하지만
미워하는 감정으로
너의 하루를
망치지 말란
말이기도 해.

3. 나를 찾고 내 모습대로 사는 방법

엄마, 우리 반 반장은 친구들을 잘 이끌고 사교적이야. 그래서 멋있어. 나는 그런 부분이 부족한데….

사람들은 대개 자신이 가진 것을 잘 생각하지 않고 너처럼 늘 갖지 못하는 것만 생각하지.

그래. 너는 그런 부분은 부족하지만 몰입하고 집중하는 능력이 뛰어나고 다른 재주가 많잖아.

그렇긴 한데….

평범한 사람들은 자신의 정신능력 중
겨우 10퍼센트밖에 쓰지 못해.
인간은 다양한 지적 능력을 가졌지만
그 능력의 일부밖에 못 쓴다는 거야.

그리고 인간은 다 제각각이기 때문에 다른 사람의 능력을 부러워하기보다
내 장점에 집중하고 그 장점을 최대한 개발하려고 하는 게 더 효율적인 거야.

와, 저 뾰족한 톱니바퀴
너무 부럽다. 나도 저렇게
되고 싶어.

네 톱니바퀴와 모양과 색깔 자체가 달라서
너는 저렇게 될 수 없어.

아빠와 엄마가 만나 너라는 사람이 탄생할 가능성은 300조분의 1이야.

너는 다른 누구하고도
대체되지 않는
유일한 사람인 거야.
그러니까 다른
사람을 부러워하지
말고 너의 모습대로
살아가.

나의 모습대로….

그래… 가장 너답게.

4. 레몬을 얻으면 레모네이드를 만들어라

아! 다리를 다쳐서 이번 방학에는 아무 데도 못 나가겠네. 짜증 나!

다음 환자 들어오세요~

어? 카네기 할아버지, 이번에는 의사 선생님으로 나타나셨네요. 아… 아프니까 살살 봐 주세요. 체육 시간에 다쳐서 이번 방학에는 밖에도 못 나가고 아무것도 못할 것 같아요. 우울해요.

이제 놀라지도 않는구나? 우울해하지 말고 어려운 상황이 닥치면 어려운 상황을 너에게 유리하게 활용하도록 해 봐.

그러려면 머리를 써야 해. 여기 잠깐 누워 볼까?
나머지는 찰스 다윈 선생님이 오셔서 마무리해
주실 거야.

내가 치료를 마무리하면 되는 건가?

네, 다윈 선생님.
잘 부탁드립니다.

헐! 지… 진짜
찰스 다윈!

애야, 나는 비글호를 타고 세계를 탐험하면서 건강이 안 좋아졌단다.
그래서 내가 관찰하고 발견한 것들을 정리하기에 너무 힘들어져서 짧은
시간에 집중하려고 노력했지. 그 결과 『종의 기원』이라는 책을 쓸 수 있었어.
어려운 상황을 나에게 유리하게 활용한 결과지. 치료 끝났으니 처방전
받아 가거라.

처방전 나왔습니다.

우아~ 뉴턴 선생님.
다시 보니 더 반갑습니다.

나도 흑사병이 돌던 시절 학교에서
배울 수 없는 어려움이 있었지만 혼자
생각할 시간이 많아서 많은 발견을
했지. 위기를 기회로 만든 거야.

97

네가 다리를 다쳤지만 이 상황을 네 약점을 보완하는 기회로 삼는 거야. 지금 네가 할 수 있는 것들을 생각해 봐.

그동안 학원 다니고 공부하느라 제대로 쉬지도 못했고 책 읽을 시간도 부족했어요.

그래? 그러면 이번 방학은 재충전하는 시간으로 삼고 푹 쉬면서 그동안 못 읽었던 책도 읽고, 너를 조금 더 업그레이드하는 기회로 삼는 거야.

아, 그래야겠어요!

99

그래, 사랑하는 동생아,
언니가 우월하니까
다시 수저를 놔 줄게.

아니, 됐거든.
언니가 더 우월하다는 건
말도 안 돼.
그냥 내가 할게.

아니야,
아니야!
내가 우월하니까
내가 놔 줄게.

요약정리

4장 평화와 행복을 부르는 다섯 가지 자세

☑ **삶을 바꿔 줄 한 문장**

– 즐겁게 생각하고 행동하면 즐거워질 것이다.

☑ **지혜롭게 보복하는 방법**

– 내게 상처를 준 사람은 단 1분도 생각하지 않는다.

☑ **나를 찾고 내 모습대로 사는 방법**

– 다른 사람을 부러워하지 않고 내 모습대로 살아간다.

☑ **어려운 상황을 이겨 내는 방법**

– 운명이 레몬을 건넨다면 그것으로 레모네이드를 만든다.

☑ **감사할 줄 모르는 사람에게 상처받지 않는 방법**

– 다른 사람에게 감사함을 기대하지 않는다.

데일 카네기는 7가지 자세를 제시하고 있으나 10대에게 필요한 것만 간추려서 다섯 가지로 제시하였다. 마음의 평화를 얻으려면 남을 부러워하거나 싫어하는 데 시간을 낭비하지 말고 즐겁게 생활하며 내 장점에 집중하라고 한다.

걱정을 이겨 내게 해 줄 강력한 법칙

1. 부모님께 배운 걱정 극복 비결

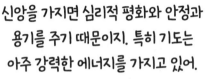

신앙을 가지면 심리적 평화와 안정과
용기를 주기 때문이지. 특히 기도는
아주 강력한 에너지를 가지고 있어.

기도가요?

기도할 때 우리는 보이지는
않지만 우주를 움직이는
무한한 동력과 자신을
연결해서 그 힘의
일부를 쓰게 해달라고
요구하는 거야.

첫째, 기도는 우리가 가진 문제를 정확한 말로 표현할 수 있게 해.
그래서 문제가 무엇인지 정확히 파악하게 되지.

둘째, 기도함으로써 그 짐을 나눠서 진 느낌이 들게 해서 훨씬 더 마음을 편안하게 해.

셋째, 기도하면서 원하는 것을 지속적으로 이야기하며 자기 암시를 하게 되지.

그러면서 행동으로 자연스럽게 이어질 수 있는 거야.

5장 걱정을 이겨 내게 해 줄 강력한 법칙

☑ 종교 생활을 하라

- 종교를 가지고 신에게 의지하며 기도하면 심리적으로 흔들리지 않고
평정심이 유지될 것이다.

걱정이 많은 사람들에게 카네기는 종교를 갖기를 권한다. 종교적인 믿음은 심리적인 안정을 주고 사람들을 평안하게 만들기 때문이다. 또한 기도는 사람들이 자신의 에너지를 강화하고 몸과 정신을 건강하게 유지할 수 있는 강력한 힘을 지녔다고 설명한다.

112

비판받아도 걱정하지 않는 방법

1. 죽은 개를 걷어차는 사람은 없다

위대한 업적을 이룬 사람들은 다른 이들에게
시기와 질투를 받게 마련이야. 자, 여기서 퀴즈!
다음과 같은 평가를 받은 사람은 누구일까요?

겉으로는 멀쩡해 보이지만 속은
부도덕하고 타락하여 교양이나
미덕과는 멀어진 채 하느님과 인간
모두에게 혐오의 대상이 될 것이다.

음…
범죄자인가?

정답은 미국 독립 선언문을
작성한 민주주의 수호자
토머스 제퍼슨이야.
2달러 지폐의 주인공이지.

또 다른 문제.
위선자, 사기꾼, 살인자나
다름없는 인간이라고 비난받던
미국인은 누구일까요?

글쎄요….

정답은 미국의 초대 대통령
조지 워싱턴이야.
1달러 지폐의 주인공이지.

이렇게 많은 사람에게
비난받던 두 사람은 지폐에
얼굴이 들어갈 만큼 미국에서
존경받는 대통령이 되었어.

자, 달러 지폐를 봐봐.

진짜 1달러 지폐에는 조지 워싱턴이, 2달러 지폐에는 토머스 제퍼슨이 있네.

누군가 부당한 비판을 한다면 네가 다른 사람들보다 앞서가고 있다는 의미로 받아들여. 다시 말하지만 죽은 개를 걷어차는 사람은 없어.

2. 부당한 비난에 대처하는 방법

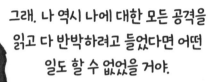

그래. 나 역시 나에 대한 모든 공격을 읽고 다 반박하려고 들었다면 어떤 일도 할 수 없었을 거야.

혹시…
리… 링컨?

비가 온다고 해도 비를 멈추게 할 수는 없잖아. 그냥 우산을 쓸 뿐…. 마찬가지야. 비난이라는 비가 오면 빗줄기에 네가 젖지 않도록 노력해. 비난을 무시하고 네 삶에 집중할 수 있도록 하라는 거야!

121

3. 스스로를 비판해 보라

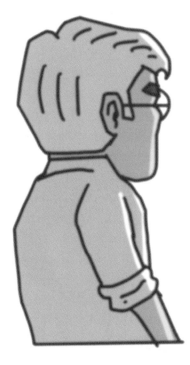

그래도 비판받는 건 너무 싫어요.

그래? 그렇다면 다른 사람이
너를 비판하기 전에 네 약점을
스스로 비판해 보고 고쳐 봐.
그럼 되잖아?

비판을 피할 수 없으니 비판에 너무 신경 쓰지 말고
네가 옳다고 생각하는 일, 네가 하고 싶은 일을 꿋꿋이 해 나가렴.

6장 비판받아도 걱정하지 않는 방법

☑ **죽은 개를 걷어차는 사람은 없다**

  － 뛰어나지 않은 사람을 욕하지는 않는다.

☑ **부당한 비난에 대처하는 방법**

  － 비난을 피할 수 없으니 비난의 빗줄기에 몸이 젖지 않도록 한다.

☑ **스스로 비판해 보라**

  － 자신을 비판해 보고 단점을 보완해 본다.

사람들은 보통 자기보다 뛰어난 사람들을 공격하게 되어 있다. 많은 위인 역시 비난을 피하기 힘들었고 비난과 싸워 가며 묵묵히 자기 일에 집중했기에 큰 업적을 이뤄낼 수 있었다. 이에 카네기는 부당한 비판은 갑작스러운 소나기처럼 누구에게나, 언제나 닥칠 수 있는 일이라고 이야기한다. 소나기를 멈추게 하기보다 소나기를 피하여 자기 자신이 가야 할 길을 걸어가길 바라고 있다. 여기서 자신에 대한 비판을 무조건 피하라는 의미는 아니다. 부당한 비판에 대처하는 방법에 대한 이야기이고, 스스로에 대한 비판, 정당한 지적에서 자신의 단점을 점검해 보는 것 역시 중요하다고 지적하고 있다.

7장
피로와 걱정을 예방하고 활력과 의욕을 높이는 방법

1. 피로와 걱정을 예방하는 3단계 방법

자, 어때? 이렇게 치우는 것만으로도 일단 마음이 편안해지지?

그러게요. 지금 당장 필요 없는 책들을 치우고 나니 마음이 편안해졌어요.

두 번째 솔루션, 일의 순서를 정해. 공부 순서를 정하란 말이지.

글쎄… 뭐부터 해야 할지….

131

1. 교과서 개념 공부
2. 문제 풀어 보기
3. 틀린 문제 점검

자, 일단 시험 과목의 개념 공부를 먼저 해. 그런 다음 네가 공부한 개념들이 머릿속에 잘 저장되었는지 문제를 풀어 보는 거야. 그리고 시험 전날에는 다시 점검하는 순서대로 하면 어떨까?

와! 진짜 그대로 하면 되겠네요.

134

잘 봐. 피로의 주범은 지루함이야. 지루함은 혈압을 떨어뜨리고 산소 소비량을 줄이지. 그래서 피곤해지는 거야. 반대로 재미있는 것을 하면 신진대사가 상승하여 피곤함을 덜 느끼게 한다는 거야!

LEVEL ★ UP

예를 들어 퀘스트를 깨고 나면
성장하는 게임이라고 생각해 봐.
게임은 캐릭터가 성장하지만
공부는 진짜 네가 성장하는 거잖아.

그리고 감정이 움직여야 행동이
변하는 것처럼 보이잖아? 하지만
실제로는 행동과 감정이 함께
움직여. 그래서 진심으로 즐겁다고
느끼는 것처럼 행동하다 보면
정말 즐거워질 수 있을 거야.

뉘예~ 뉘예~ 알겠습니다.

7장 피로와 걱정을 예방하고 활력과 의욕을 높이는 방법

☑ 피로와 걱정을 예방하는 습관

- 당장 처리할 문제와 관계없는 것들은 모두 치운다.
- 일의 순서를 정하고 순서대로 일을 처리한다.
- 일을 미루지 않고 바로 실행한다.

☑ 피로, 걱정, 화를 일으키는 주범

- 재미없는 일을 하다 보면 쉽게 피로를 느낄 수 있다.
  그러니 지금 하는 일이 즐겁다고 생각하고 행동한다.

피로와 걱정을 예방하기 위해서 카네기는 다음과 같은 순서로 일을 처리하길 권한다. 첫째, 당장 처리할 문제와 상관없는 것들을 정리해서 문제에 집중할 수 있게 하라. 둘째, 일의 중요도에 따라 순서를 정하라. 셋째, 일을 미루지 말고 당장 실행하라.
그리고 재미없는 일을 하다 보면 쉽게 지루하고 피로해지므로 지금 하는 일에서 재미를 찾고 재미있게 처리하다 보면 정말 재미를 느낄 수 있고 피로를 줄일 수 있다고 이야기한다.

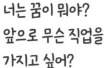

8장
행복과 성공이라는 두 마리 토끼를 잡는 방법

1. 인생에서 가장 중요한 결정

너는 꿈이 뭐야?
앞으로 무슨 직업을
가지고 싶어?

나? 글쎄….

어떤 직업을 가져야 후회하지
않고 살아갈 수 있을까?

나에게는 그 일들이 마치 놀이처럼 즐거웠거든.

직업이라는 건 긴 시간 해야 하는 일이야.
그런데 그 과정이 재미가 없으면 그 긴 시간이
몹시 괴롭겠지? 그렇게 싫어하는 일을
오래 하다 보면 결국 걱정, 후회, 좌절을
겪게 될 거야.

그렇지. 네가 좋아하는 일들이
무엇인지 파악하고 그에 관련된 직업을
알아보는 게 우선이야.

그러면 우선 제가 정말 무엇을
좋아하는지 알아야겠네요.

그리고 그 직업에 종사해 온 사람들을 만나 이야기를 들어보면서 직업에 대한 정보를
알아보면 직업 선택에 도움이 되겠지.

아! 마지막 한 가지 더!
이미 그 일을 하는
사람들이 넘쳐
나는 직업은
피하도록 해.

왜요? 내가 좋아하는 일이면
된다고 하셨잖아요?

직업은 돈을 버는 목적도 크기 때문에 많은 사람이
이미 그 일을 하고 있다면 내가 그 일에서
벌 수 있는 수입은 적을 수밖에 없지.

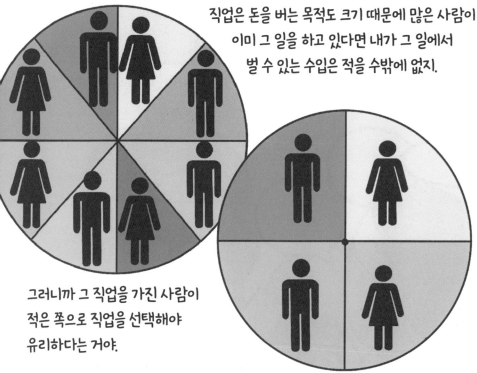

그러니까 그 직업을 가진 사람이
적은 쪽으로 직업을 선택해야
유리하다는 거야.

당연히 어렵지. 직업을 선택하는 것은 인생을 거는 도박과 같기 때문에 정말 많이 생각하고 고민해야 할 문제야.

아! 어렵네요.

8장 행복과 성공이라는 두 마리 토끼를 잡는 방법

☑ **인생에서 가장 중요한 결정**
- 자신이 좋아하는 일과 관련 있는 직업을 선택한다.
- 많은 사람이 몰려 있는 직업을 선택하지 않는다.

직업이란 생계를 유지하려고 긴 시간 일하는 것을 말한다. 인생의 대부분을 일하면서 보내므로 직업을 선택할 때 자신이 좋아하고 즐거워하는 일을 선택하는 것은 무엇보다 중요하다고 지적하고 있다. 즐거움 없이 경제적 보상만 있다면 직업에서 결국 걱정, 후회, 좌절을 겪게 될 것이고 불행한 인생이 될 수 있는 것이다. 또한 카네기는 많은 사람이 이미 하고 있는 직업을 피하라고 말한다. 이미 많은 사람이 그 일을 하고 있으면 경쟁력이 떨어져 많은 수입을 얻을 수 없기 때문이다.

2부

데일 카네기의 인간관계론

카네기는 1912년부터 뉴욕의 직장인과 전문직 종사자들을 대상으로 말하는 방법을 가르치고 있었다. 많은 사람을 만나면서 카네기는 사람들에게 필요한 것은 말하기 강좌가 아니라 사람들과 서로 잘 지내는 방법을 가르치는 것이라는 걸 깨달았다. 시카고대학교와 YMCA 연합학교에서 성인들을 대상으로 무엇을 배우고 싶은지 설문조사를 한 결과가 1위는 건강이고 2위가 바로 인간관계인 것을 보면 카네기의 깨달음은 나름 합당한 것이었다.

이에 카네기는 다양한 책을 읽고 성공한 사람들을 인터뷰한 내용을 바탕으로 〈친구를 만들고 사람을 설득하는 법〉이라는 짧은 이야기로 성인들에게 강연을 시작하였다. 이 강좌는 인간관계의 원리를 직접 적용해 보고 그 결과를 서로 나누는 인간관계 실험실로 발전하게 되었고, 이 실험실에서 얻은 다양한 사례를 근거로 『데일 카네기의 인간관계론』이 탄생하게 되었다.

사람을 다루는 기본 방법 세 가지

1. 상대방을 비판하거나 지적하지 마라

아침에 엄마가 매일 늦게 일어난다고
엄청 뭐라고 하는 거야.
아! 짜증 나,
정말.

그럼 네가 일찍 일어나면 되잖아.

헐! 그걸
누가 모르냐?
아, 근데 갑자기
기분이 안 좋아
지려고 해.

아니, 그러면 너도 앞으로 짜증 날 일이
안 일어나는 거 아냐?

사람은 논리적이지 않아.
논리적으로 되려고 노력할 뿐이지.
사람은 감정적인 동물이야.

하하하! 나는 아무 잘못이 없어!
내가 그 짓을 한 것은 다 이유가
있단 말이야!

명백한 잘못을 저지른 악당들도 자기
잘못을 비판받거나 지적당하는 것을 참지
못해. 그런데 아무리 맞는 말이라도
누군가 나를 지적하면 상대방에 대한
미움만 불러일으키지.

어? 너는 얼굴이
네모나구나.

뭐야? 나도
내 얼굴이 네모
난지 알고 있는데
왜 지적질이야
가만 안 둬!

꿀이 먹고 싶어서 벌통을 걷어차면….

꿀이 먹고 싶은데 저 벌통을 떨어뜨려서 꺼내 먹자.

화가 난 벌들 때문에 꿀을 얻지 못하는 것처럼 상대방을 지적하거나 비판하면 아무것도 얻지 못해!

오, 프로이트 아저씨,
성공했어요.

훗~ 나란
남자는….

다시 한번 이야기하지만 인간 본성의
가장 깊은 욕구는 인정 욕구야.
그런 욕구 때문에 어떤 사람은 예술을
하고 또 어떤 사람은 돈을 열심히 벌지.
그러니까 다른 사람을 움직이고
싶다면 이 욕망을 자극하도록 해.

3. 상대방의 욕구를 불러일으켜라

오늘
우리 집까지
데려다주면
안 될까?

왜 그래?
제정신이야?
잘 가!

잘못되었어,
잘못되었어!

경비

앗, 카네기
할아버지!

사람들은 말이야. 전부 자기가 원하는 것에만 관심이 있어. 그러니 다른 사람이 원하는 것을 먼저 생각해 보면 어때? 네 친구가 원하는 게 무엇인지 먼저 생각해 보고 그걸 들어 주면서 다시 이야기해 보는 게 어떨까?

친구가 원하는 것이라…. 그래, 나는 그 포토 카드 이제 관심 없으니까…. 좋았어!

와~ 이 포토 카드 나는 없는데. 부럽다!

다음 날…

사랑하는 친구야,
저번에 얘기했던
포토 카드….

어, 그래… 그 포토 카드 왜?

나는 이제 필요가
없어서 너 주고
싶은데….

사랑한다, 친구야!
너밖에 없어!

1장 사람을 다루는 기본 방법 세 가지

☑ **상대방을 비판하거나 지적하지 마라**

- 상대방을 지적하거나 비판하면 적개심을 가지게 되어 있다.

☑ **상대방을 진심으로 인정하고 칭찬하라**

- 사람은 누구나 인정 욕구가 있다. 그런 욕구를 자극하라.

☑ **상대방의 욕구를 불러일으켜라**

- 사람은 자신의 욕구를 먼저 생각한다. 그 욕구를 활용하라.

사람은 누구나 자신이 소중하고 중요한 사람으로 여겨지고 싶어 한다. 인정받고 싶어 하지만 지적받거나 비판받고 싶어 하지는 않는다. 그렇기에 다른 사람을 움직이게 하고 싶다면 이러한 사실을 기억하라고 이야기하고 있다. 아무리 상대방에 대한 객관적 사실이라도 지적을 하면 사실을 수용하기보다 적개심이 먼저 들 것이고 적개심으로 관계만 나빠질 수 있다. 반대로 상대방의 장점을 진심으로 인정하고 칭찬한다면 인정 욕구가 자극되어 긍정적인 결과를 얻을 수 있다. 더 나아가 그 사람이 원하는 것이 무엇인지 알고 있다면 그 효과는 훨씬 더 커질 것이다.

사람들이 당신을 좋아하도록 만드는 방법

1. 다른 사람에게 진심으로 관심을 두어라

새 학년만 되면 새로운 친구를 사귀어야 하고 적응해야 해서 부담스러워.

많은 친구가 나한테 먼저 다가와 주었으면 좋겠는데….

그래, 바로 그거야.
새 학년이 되면 모든 게 낯설고
힘들 때니까 내가 먼저 상대방에게
관심을 보이고 손을
내밀어 보는 거야.

다른 친구에게 진심으로 관심을 보이는 것이 다른 사람이
너를 좋아하도록 하는 첫 번째 방법이야.

아… 안녕…. 우리 2학년 때 같은 반이었는데….

아… 그… 그래. 안…녕.

할아버지, 관심을 두고 먼저 다가가 보았는데 반응이 별로 좋지 않던데요.

아니, 그렇게 무뚝뚝한 얼굴로 다가가면 누가 좋아하겠니? 두 번째 방법, 상대방에게 좋은 인상을 주려면 밝은 미소로 다가가라.

미소는 돈 한 푼 들지 않지만 엄청난 결과를 만들거든. 가성비 최고인 거지. 그러니까 다음번에는 밝게 웃으면서 이야기해 봐.

3. 상대방의 이름을 기억하라

그… 그런데 네 이름이 뭐였더라?

NG! NG!

뭐야? 가장 중요한 이름을
모르면 어떡해?

저번에도 이야기했지만 모든 사람은 자신이 중요한 사람이고
싶어 하는 욕구가 있어. 이름을 불러 주는 것은….

A

A야!

A

그 사람이 중요한 사람이
된 것처럼 느끼게
해 주는 아주 중요한
마법 주문 같은 거야.
그러니까 다시 해 봐!

176

그래, 그러자.
태희야!

내 이름을 알고
있구나?

그럼, 그건
기본이지!

4. 잘 듣는 사람이 되어라

첫째, 다른 사람의 말을 오래 듣지 마라.

둘째, 끊임없이 내 얘기를 늘어놓아라.

셋째, 다른 사람이 말하는 동안 어떤 생각이 떠오르면
말허리를 끊고 내 이야기를 하라.

5. 다른 사람의 관심사에 맞춰 이야기하라

오늘 수학 시간에 배운 그 어려운 문제, 어떤 책에서 본 것 같은데…. 맞아, 『그래픽 노블로 읽는 수학 이야기』에서 봤어. 아르키메데스가 발견했다고 하더라고….

아, 그래?

어쩜 내 이야기를 이렇게 잘 들어 주니? 고마워.

오, 잘되어 가고 있어…. 그럼 슬슬 하고 싶은 이야기를 해 볼까?

혹시 우주가 어떻게 시작되었는지 알아?

하하하!

NG! NG!

사람은 누구나 자신이 중요한 사람이 되고 싶어 한다고 했잖아. 상대방 관심사에 맞춰 이야기를 이끌어 가야지.

급하게 생각하지 말고 천천히 다시 해 봐.

그럼 제 이야기는 언제 해요?

오늘 수학 시간에 배운 그 어려운 문제,
어떤 책에서 본 것 같은데…. 맞아.
『그래픽 노블로 읽는 수학
이야기』에서 봤어.
아르키메데스가
발견했다고
하더라고….

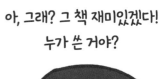

아, 그래? 그 책 재미있겠다!
누가 쓴 거야?

2장 사람들이 당신을 좋아하도록 만드는 방법

☑ **다른 사람에게 진심으로 관심을 보여라**
- 다른 사람에게 먼저 관심을 보이며 다가간다면 관계를 수월하게 시작할 수 있다.

☑ **늘 웃는 얼굴로 좋은 인상을 주어라**
- 웃는 얼굴로 상대방을 대하는 사람이 호감 간다.

☑ **상대방 이름을 기억하라**
- 상대방 이름은 그들에게 모든 말 중에서 가장 달콤하고 중요한 말로 들린다.

☑ **잘 듣는 사람이 되어라**
- 사람들은 대개 듣기 힘들어하니 먼저 들어 준다.

☑ **다른 사람 관심사에 맞춰 이야기하라**
- 사람들은 자신이 중요한 사람이고 싶어 하니 이를 활용하라.

사람은 누구나 자신이 소중하고 중요한 사람이고 싶어 한다. 그렇기에 내가 먼저 상대방의 이름을 불러 주고 다가가서 이야기를 들어 준다면 누구나 쉽게 마음을 열 수 있을 거라고 이야기하고 있다.

3장

사람을 설득하는 방법

1. 논쟁을 피하라

AI 때문에 직업이 다 사라진대….
어떡하지? 이제 공부해도 소용없어.

아니지. AI 덕분에 새로운 직업들이
생겨날 거야. 그리고 공부는 해야 하지
않을까?

무슨 소리야? AI가
직업을 없애는 속도가
어마어마하거든. 그러니
내 이야기가 맞지.
너는 잘못 생각하고
있는 거야.

아니, 나는 내 이야기가 맞다고
생각하는데….

정답! 논쟁 상황도 그렇게 피하거라. 사람들은 자기 생각을 쉽게 바꾸지 않아.
그렇기 때문에 자기 의견을 반박하면 적대감만 생겨.

2. 절대로 다른 사람이 틀렸다고 이야기하지 마라

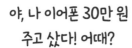

그 친구는 이미 자기가 이어폰을 비싸게 산 걸 알고 있어. 그런데 그걸 또 지적할 필요는 없지. 사람은 누구나 자기 판단이 틀렸다고 지적하면 화가 나게 되어 있어. 절대로 상대방의 판단을 지적하지 마. 다시 한번 해 볼까?

야,
나 이어폰 30만 원 주고 샀다! 어때?

이야, 30만 원이어서
그런지 기능이 많아 보이는데….

맞아, 기능이 많아서 좋기는 한데
돈을 너무 많이 쓰긴 했어….

기능이 많고 좋으면 됐지, 뭐.

봤지? 상대방을 지적하지 않고
요령 있게 구슬린다면 기꺼이
자기 잘못을 스스로 인정하게 되어 있어.
그러니 굳이 지적하지 않도록 해.

3. 우호적으로 시작하라

다른 사람을 설득하려면 다른 사람이 적대감을
느끼지 않게 하는 게 중요한 거야. 그래서 논쟁을
피하고 지적하지 말라고 한 거지.
그리고 매우 중요한 한 가지 더!
지금 내가 들려 주는 이야기 안에 숨어 있어.
잘 들어 봐!

어느 날 해와 바람은 누가 더 강한지
말싸움을 하고 있었어.

내가 너보다 더 세!

아니거든! 내가 너보다 더 세다는 걸 보여 주지!
내 강력한 바람으로 저기 보이는 저 나그네의
코트를 벗겨 볼 테니까… 잘 봐!

197

쯧쯧! 힘들지? 이 형님이 하는 걸 잘 봐봐!

어라? 날씨가
갑자기 따뜻해지기
시작했네….

199

4. 다른 사람을 존중하고 겸손하게 먼저 들어 주어라

상대방을 지적하지 말고 우호적으로 다가가서
적대감을 가지지 않게 하라는 말씀이죠?
그리고 또요? 또 뭘 지키면 상대방을
설득할 수 있어요?

그건 노자 선생님께서
설명해 주실 거야.

강이나 바다는….

수천 갈래 시냇물의 존경을 받지.

그 이유는 강이나 바다는 항상 시냇물보다 아래에서 흐르기 때문이야.

강, 바다가 그러한 것처럼
항상 겸손한 자세로 상대방을
존중하고 이야기를 들어 주렴.
그러면 상대방을 설득하기가
훨씬 수월해질 거야.

6. 고상한 동기에 호소하라

여기서 한 가지 더! 고상한 동기에 호소해 봐. 사람들은 어떤 일을 하는 데 두 가지 이유가 있기 마련이야. 하나는 실제 이유이고… 또 하나는 고상한 이유이지.

계약금이 어떻게 되죠?
인세는 얼마 정도?

인문학을 쉽게 접할 수 있게 해 보죠, 뭐!

사람들은 조금 더 고상한 동기에 움직일 가능성이 있지.

204

고상한 동기라⋯.
알았어요!

동생아, 엄마가 얼마나 힘들면
심부름을 시키겠니? 네가 언니와 함께
가 준다면 엄마에게 효도도 하고 언니한테
도움도 주는 아주 훌륭한 일을 하는 거야.

그래?
내가 가기만 하면 나는
효녀가 된다고?
그럼 같이 가 볼까?

3장 사람을 설득하는 방법

☑ **논쟁을 이기는 유일한 방법으로 논쟁을 피하라**

– 사람은 자기 생각을 쉽게 바꾸지 않으니 논쟁은 피한다.

☑ **상대방이 틀렸다고 이야기하지 마라**

– 사람은 누구나 지적받으면 화를 낸다.

☑ **우호적으로 시작하라**

– 따뜻하고 우호적으로 다가가면 설득하기 쉬워진다.

☑ **다른 사람을 존중하고 겸손하게 먼저 들어 주어라**

– 낮은 자세로 겸손하게 상대방을 대하고 먼저 들어 준다.

☑ **다른 사람의 관점에서 생각해 보라**

– 상대방의 관점에서 그들의 욕망, 생각을 먼저 생각해 본다.

☑ **고상한 동기에 호소하라**

– 사람들은 조금 더 있어 보이는 동기에 움직인다.

☑ **도전 의욕을 불러일으켜라**

– 어떤 일을 하게 만들려면 경쟁심을 자극한다.

다른 사람을 설득하려면 논쟁을 피하고 지적하지 않아서 상대방의 적대감이 생기지 않게 해야 한다. 그리고 겸손하게 상대방 이야기를 들어 주며 우호적으로 접근하라고 한다.

4장

사람을 바꾸는 방법

1. 칭찬을 먼저 하라

210

동생아, 배를 만든 거야?

뭐야? 갑자기….

와! 대단하다. 엄청 멋진데….

그렇지? 엄청 고생한 거야.
시간도 오래 걸리고.

2. 명령하지 말고 간접적으로 이야기하라

명령을 좋아하는 사람은 이 세상에 없단다.
명령하지 말고 간접적으로 하고 싶은 말을 제안해 보는 게 어때?

네, 알았어요….

동생아, 거실이 깨끗해야지 이따가
같이 놀 때 안전하게
놀지 않을까?

그러게… 놀다가
다칠 수도 있겠는데….

215

3. 약간이라도 나아지면 칭찬하라

218

앗! 이런…
완벽한 내가 실수를 했네.
다 치워야지!

4장 사람을 바꾸는 방법

☑ **칭찬을 먼저 하라**

– 상대방의 적개심을 불러일으키지 않으려면 칭찬을 먼저 한다.

☑ **명령하지 말고 간접적으로 이야기하라**

– 명령을 좋아하는 사람은 없으니 직접 명령하지 않고 제안한다.

☑ **약간이라도 나아지면 칭찬하라**

– 칭찬으로 잠재된 기능이 발휘되도록 해 본다.

반복되는 이야기이지만 사람은 누구나 자신이 소중하고 중요한 사람이고 싶어 한다. 그렇기 때문에 누군가를 변화시키고자 한다면 내가 하고 싶은 이야기를 하기 전에 칭찬을 먼저 하기를 권한다. 칭찬으로 적개심을 낮추고 내가 하고 싶은 이야기를 간접적으로 부드럽게 하면 효과가 있을 것이라고 한다. 또한 이로써 행동 변화가 조금이라도 일어난다면 꼭 칭찬하기를 권한다. 칭찬은 사람의 잠재된 가능성을 더 발현되게 하여 큰 폭의 변화를 이끌어낼 수 있기 때문이다.

10대가 꼭 읽어야 할
데일 카네기
자기관리론·인간관계론

펴낸날 초판1쇄 발행 2025년 1월 22일

원저자 데일 카네기
글·그림 인동교
펴낸이 최훈일

펴낸곳 시간과공간사
출판등록 제2015-000085호(2009년 11월 27일)
주소 (10594) 경기도 고양시 덕양구 통일로 140 삼송테크노밸리 A동 351호
전화 (02) 325-8144
팩스 (02) 325-8143
이메일 pyongdan@daum.net

ISBN 979-11-90818-33-9 (43190)